AF187803

Autorin:
Ute Schmidt wurde 1965 in Passau geboren. Auf dem elterlichen Anwesen war sie schon als Kind von vielen Tieren umgeben, darunter auch Arbeits- und Kutschpferde.
Unter Aufsicht des gestrengen Großvaters, der Rittmeister war, lernte sie schon von klein auf viel über Aufstallung, Gesunderhaltung und Fütterungstechniken.
Fundierten Reitunterricht bekam sie ab dem zehnten Lebensjahr in Dressur und Springen.

1996 zog sie nach Hamburg, wo sie sich ihren Traum von einer eigenen Reitschule erfüllte. Sie lebt mit ihrer Familie auf einem Resthof im Südosten von Hamburg, wo sie auf ihren Friesenpferden Kinder und Jugendliche unterrichtet.

Illustratorin:
Mirella Sperling

Titelfoto:
Ariane Lange

Bisher in dieser Reihe erschienen:

Reitabzeichen 5   ISBN - Nummer 9783746092966
Reitabzeichen 6   ISBN - Nummer 9783739243177
Reitabzeichen 7   ISBN - Nummer 9783739207667
Reitabzeichen 8   ISBN - Nummer 9783738637441
Reitabzeichen 9   ISBN - Nummer 9783734793226
Reitabzeichen 10   ISBN - Nummer 9783734761102

Pferdeführerschein Umgang ISBN - Nummer 9783750437210
Pferdeführerschein Reiten ISBN - Nummer 9783751984218
Longierabzeichen 5   ISBN - Nummer 9783741237454
Trainerassistent   ISBN - Nummer 9783750435209

ISBN - Nummer   9783746050133

Dieses Buch gehört:

_____

Inhaltsverzeichnis

🐴 Wer kann das Abzeichen Bodenarbeit Stufe 1 ablegen?	☐ Die Teilnahme an einem Lehrgang und die Mitgliedschaft in einem der FN angeschlossenen Reitstall ist Voraussetzung. Empfohlen wird entweder der Pferdeführerschein Umgang oder die Reitabzeichen 6 und 7.
🐴 Was versteht man unter Bodenarbeit?	☐ Bodenarbeit sind Übungen mit dem Pferd, die man zu Fuß ausführt.
🐴 Was ist das Ziel der Bodenarbeit?	☐ Das Pferd soll sich willig in Richtung, Gangart und Tempo kontrollieren lassen. Führender und Pferd müssen sich dabei gut verständigen können. Der Führende sieht nach vorne und hält sich gerade.
🐴 Wann benötigt man die Bodenarbeit?	☐ Eigentlich täglich im Umgang mit dem Pferd: • Von der Weide holen, aus der Box • Anbinden • Erziehung junger Pferde • Bei Krankheit des Pferdes • Aufwärmen und Trockenführen • Vorbereitung für Verladen oder Fahren • Unterstützung von Reitanfängern • Lektionen wie Rückwärtsrichten, etc. • Zur Abwechslung der tägl. Routine • Training der Gelassenheit • Training der Geschicklichkeit • Vorbereitung Stangenarbeit/Springen • Verladen und Transport
🐴 Was lernt der Führende bei der Bodenarbeit?	☐ Hier lernt der Führende, sich selbst zu reflektieren und zu beherrschen, denn zu großer Druck oder Strafe führen hier nicht zum Erfolg.
🐴 Wo kann man die Bodenarbeit ausführen?	☐ Das Training sollte immer auf einem umzäunten Platz stattfinden. Die Anzahl der Pferde muss unter allen Sicherheitsaspekten bedacht werden.

🐴 Welche Ausrüstung benötigt der Führende?	☐ Das Wichtigste sind gut sitzende Handschuhe, um Handverletzungen vorzubeugen. Festes und bequemes Schuhwerk erleichtern das Mitlaufen im Trab. Ein Helm ist natürlich immer sinnvoll und bei Bedarf kann auch eine Führgerte benutzt werden.
🐴 Wie ist das Pferd ausgerüstet?	☐ Das Pferd benötigt ein gut sitzendes Stallhalfter und einen Führstrick mit Karabinerhaken. Es kann aber auch mit Reithalfter geführt werden. Bei Stangenarbeit empfehlen sich eventuell Gamaschen oder Streichkappen.
🐴 Welche Möglichkeiten an Ausrüstung für das Pferd gibt es noch?	☐ Hier sind fast keine Grenzen gesetzt: Es gibt unterschiedlich lange Leitseile, also etwas dickere weichere Seile mit Karabinerhaken, Halsringe, Knotenhalfter und die schönste Variante: Ganz ohne Hilfsmittel – aber das muss man lange üben!
🐴 Welche Gerten sind möglich?	☐ Gerten sollten zwischen 100 und 160 cm lang sein. Auf jeden Fall sollten sie so lang sein, dass man das Pferd bei jeder Übung auch aus sicherer Entfernung noch berühren kann. Pferde vorher immer auf „Gertentauglichkeit" prüfen!

Versuche die folgenden Gegenstände zu beschriften!

Kapitel 3: Unfallverhütung und Sicherheit

🐎 Warum passieren im Umgang mit Pferden so oft Unfälle?	☐ Durch Unwissenheit und Leichtsinn.
🐎 Was muss man beachten, wenn man ein Pferd hinter einem anderen herführt?	☐ Man hält den Sicherheitsabstand von mindestens zwei Pferdelängen ein.
🐎 Darf man im Umgang mit dem Pferd laute Geräusche verursachen und sich hastig bewegen?	☐ Pferde sind Fluchttiere. Deshalb immer mit Ruhe und in ruhigem Ton mit den Pferden umgehen.
🐎 Was beachtete man, wenn man das Pferd von der Weide holt?	☐ Man spricht es an und wartet seine Reaktion ab. Anschließend kann man das Halfter anlegen. Dabei bleibt man immer neben dem Pferd, um bei einem Losstürmen nicht verletzt zu werden.
🐎 Wie holt man das Pferd aus der Box?	☐ Man gewöhnt dem Pferd an, an die Boxentür zu kommen. Diese schiebt man ganz auf und halftert dann das Pferd. In der Box kann man vom Pferd an die Wand gedrückt werden!
🐎 Wie führt man das Pferd zum Anbindeplatz?	☐ Man führt es immer mit einem Führstrick. Ohne Führstrick kann es beim Hochreißen des Kopfes oder bei anderen Schreck-situationen zu Verletzungen kommen. Der Strick darf natürlich nie um die Hand gewickelt werden. Es gilt: Bei kurzen Strecken ein kurzer und bei langen Strecken ein langer Führstrick.
🐎 Was beachtet man beim Anbinden?	☐ Das Anbinden muss ein Fluchttier zuerst erlernen. Man benutzt dafür Anbindestricke mit Panikhaken, um diesen schnell lösen zu können. Den Anbindeknoten soll man sicher beherrschen.
🐎 Wie geht man bei der Pflege des Pferdes vor?	☐ Das Putzen des Pferdes dient der Vertrauensbildung und der Gesundheitskontrolle. Auch das Zulassen aller Berührungen mit Bürsten muss das Pferd zuerst erlernen.

Weshalb ist es nicht artgerecht, ein Pferd alleine zu halten?	☐ Weil Pferde **Herdentiere** sind. Sie brauchen die Gesellschaft anderer Pferde. Es gibt Herden mit bis zu 400 Pferden. Die Herde bietet dem Pferd Sicherheit.
Wie funktioniert eine Herde?	☐ Jedes Pferd hat seinen Platz in der Herde. Dieser Platz hängt ab vom Alter, der Intelligenz, der Erfahrung und dem Geschlecht. Häufig werden Herden von ranghohen Stuten geleitet. In kleineren Gruppen ist meist der Hengst das Leittier.
Wie passen wir Menschen in diese Herde?	☐ Um im Rang über dem Pferd zu stehen, muss man die Körpersprache des Pferdes verstehen und seine eigenen Signale optimieren.
Nutzen Pferde ihre Stimme zur Kommunikation?	☐ Es gibt unterschiedliche Arten von Wiehern, Quieken oder Gebrummel. Allerdings ist die Körpersprache des Pferdes viel wichtiger.
Das Pferd ist ein **Fluchttier**. Was bedeutet das?	☐ Das Fluchtverhalten sicherte dem Pferd in der Steppe das Überleben. Es ist ein Urinstinkt des Pferdes, der nach wir vor sehr aktiv ist.
Das Pferd ist auch ein **Steppentier**. Was bedeutet das?	☐ Pferde fressen in der freien Wildbahn bis zu 16 Stunden und legen damit Reserven an. Das Verdauungsystem ist also auf kontinuierliches Fressen ausgelegt. Deshalb müssen wir für das Pferd den Zugang zur Weide oder zum Raufutter ermöglichen.
Und wann schlafen die Pferde?	☐ Pferde ruhen pro Tag etwa 7 Stunden. Davon dösen sie etwa 6 Stunden und schlafen etwa 1 Stunde.
Wie vertragen Pferde Hitze und Kälte?	☐ Die ideale Temperatur liegt zwischen – 15 und +25 Grad. Im Winter bekommen sie ein perfektes Fell das die Temperatur regelt.
Was passiert, wenn man dem Pferd keine artgerechte Haltung ermöglicht?	☐ Dies kann zu massiven gesundheitlichen Störungen und /oder Störungen im der Verhaltensweise führen wie Schlagen, Beißen, Durchgehen, Scheuen. Auch Stereotypen wie Koppen oder Weben können auftreten.

🐴 An welchen Körpermerkmalen lässt sich die Gemütsverfassung des Pferdes erkennen?	☐ Am Ausdruck der Augen, dem Ohrenspiel, der Schweifhaltung, der Lippenbewegung und der Bein- bzw. Kopfhaltung.
🐴 Was bedeutet es, wenn ein Pferd die Ohren flach anlegt?	☐ Es drückt Abwehr und Unbehagen aus. Man kann versuchen, durch gutes Zureden das Vertrauen wieder herzustellen.
🐴 Was bedeutet es, wenn das Pferd den Kopf leicht hängen lässt und ein Hinterbein angewinkelt ist?	☐ Das Pferd ruht. Man muss es rechtzeitig ansprechen, damit es sich nicht erschreckt.
🐴 Was bedeutet es, wenn das Pferd die Ohren nach vorne nimmt und aufmerksam guckt?	☐ Das Pferd ist neugierig und interessiert sich für die Vorgänge.
🐴 Was bedeutet es, wenn das Pferd über die Weide galoppiert und der Schweif wie eine Fahne hochgestellt ist?	☐ Das Pferd ist aufgeregt und/oder möchte sich präsentieren. Man wartet am Gatter, bis es sich beruhigt hat.
🐴 Was bedeutet es, wenn das Pferd den Schweif zwischen die Hinterbacken klemmt? Oft sieht man auch das Weiße in den Augen.	☐ Das Pferd hat Angst und muss durch gutes Zureden beruhigt werden. Vorsicht ist geboten!
🐴 Weshalb soll man ein Pferd, das Angst zeigt, auf keinen Fall bestrafen?	☐ Durch Bestrafung steigert sich die Angst. Man muss das Vertrauen erst wieder durch gutes Zureden herstellen.

Versuche, die vier Abbildungen zu beschriften!

8

Was bedeutet es, wenn die Pferdeohren schräg zur Seite stehen?	☐ Dies ist ein Zeichen von Entspannung – das Pferd fühlt sich wohl.
Was bedeutet es, wenn die Pferdeohren starr nach vorne stehen?	☐ Das ist ein Zeichen für Aufmerksamkeit, Neugier oder aber auch für Anspannung.
Was kann es bedeuten, wenn das Pferd die Unterlippe hängen lässt?	☐ Das Pferd ist jetzt in völliger Entspannung und ist kurz vor dem Einschlafen.
Was bedeutet es, wenn das Pferd flehmt? Dabei zieht es die Oberlippe über die Zähne und streckt Hals und Kopf nach oben.	☐ Das Pferd nimmt vermehrt Gerüche auf. Man sieht dies oft bei Hengsten, welche rossige Stuten wittern.

Versuche die vier Abbildungen zu beschriften!

🐴 Wie unterscheidet sich das Sehvermögen des Pferdes von dem des Menschen?	☐ Aufgrund der seitlichen Anordnung haben Pferde beinahe eine Rundumsicht allerdings sehen sie nur im Bereich vor dem Kopf dreidimensional (binokular). Ansonsten sehen sie zweidimensional (monokular). Hinter dem Pferd befindet sich der tote Winkel, wo es gar nichts sieht.
🐴 Farbig oder Schwarzweiß? Was können Pferde erkennen?	☐ Pferde können nur blau und gelb sehen. Diese beiden Farben aber in allen Spektren. Man bezeichnet sie deshalb als Dichromaten. Wir Menschen sind Trichromaten.
🐴 Wie sehen Pferde in der Dämmerung und Nachts?	☐ In der Dämmerung sehen Pferde deutlich besser als wir Menschen. Das Pferdeauge kann sich in Sekunden von Dunkel zu Hell anpassen. Allerdings dauert die Anpassung von Hell zu Dunkel mehrere Minuten.
🐴 Wie steht es um die Sehschärfe?	☐ Pferde haben keine gute Sehschärfe. Dies ist auch ein Grund, warum sie z.B. Stromdrähte schlecht erkennen können. Hingegen erkennen sie aber andere Pferde anhand deren Kontur und Farbe.
🐴 Und wie ist das dimensionale Sehen?	☐ Das Pferd kann nach hinten und zur Seite nur zweidimensional sehen. Dadurch können sie Entfernungen schlecht einschätzen – ein Grund für seitliches Wegscheuen.

Beschrifte die Sichtfelder des Pferdes!

🐴 Wie funktioniert das Hören beim Pferd?	☐ Pferde können weitaus mehr Frequenzen hören als wir Menschen. Auch ein Grund, warum Pferde fliehen, und wir uns fragen warum.
🐴 Wie funktionieren die Ohren?	☐ Durch die gute Beweglichkeit der Ohren kann das Pferd auf große Entfernungen in stereo leiseste Geräusche empfangen.
🐴 Wozu dient das gute Hören?	☐ Die Pferde erkennen sich über das Wiehern und uns Menschen an unserer Stimme. Unser Tonfall sollte nicht zu laut sein, und man sollte andauerndes Reden vermeiden.
🐴 Wie funktioniert das Schmecken?	☐ Pferde haben keinen besonders ausgeprägten Geschmackssinn. Dafür ist das Fressbedürfnis umso besser ausgebildet.
🐴 Wie funktioniert das Riechen?	☐ Über das Riechen erkennen die Pferde, ob das Futter fressbar ist. Außerdem erkennen die Pferde ihre Artgenossen und auch uns Menschen am Geruch. Sie können über die Pheromone erkennen, ob ein Mensch ängstlich, aggressiv oder freundlich ist. Wenn das Pferd flehmt, kommen die Geruchsstoffe besser an das Jakobson'sche Organ.
🐴 Was ist das Jakobson'sche Organ?	☐ Es sitzt in der Nasenschleimhaut, ist nur 2 Millimeter groß und wird von der äußeren Nüster begrenzt. Mit diesem Organ kann das Pferd jedes andere Pferd in der Herde unterscheiden.
🐴 Wie gut ist der Tastsinn bei Pferden?	☐ Der Tastsinn ist sehr ausgeprägt. Auch leiseste Berührungen können Pferde spüren und auch lokalisieren. Die Tasthaare am Maul schützen vor Anstoßen und geben Aufschluss über Fremdkörper im Futter. Rezeptoren auf der Haut sind über den Körper unterschiedlich dicht verteilt. Sie geben Informationen über Temperatur, Schmerz oder Druck. Rezeptoren sind auch veränderbar: Zum Beispiel können sie durch falsches Treiben abstumpfen.
🐴 Wie steht es um das Gleichgewicht des Pferdes?	☐ Das Gleichgewicht sitzt im Innenohr und muss trainiert werden - z.B. durch Geländeritte, unebenen Boden, Stangenarbeit, bergauf und bergab.

Wie funktioniert das soziale Lernen?	☐ Soziales Lernen erfolgt über Beobachtung und Nachahmung der ranghöheren Herdenmitglieder. Pferde kopieren Verhaltensregeln und lernen Gefahren zu erkennen. Fohlen, die die Zusammenarbeit ihrer Mütter mit dem Menschen beobachten, erlenen diesen Umgang wesentlich leichter. Achtung: Pferde gucken sich auch negatives Verhalten ab!
Wie funktioniert individuelles Lernen?	☐ Pferde können individuell lernen und immer wiederkehrende Signale und Hilfen er-kennen. Dadurch ist es möglich, dass unterschiedliche Personen mit einem Pferd umgehen können. Wichtig ist es, dass die Hilfen und Signale immer identisch sind und lange genug eingeübt werden.
Wie sieht es mit rationalem Denken aus?	☐ Pferde können nicht rational denken. Das heißt, man kann ihren Handlungen keine Absicht unterstellen. Sie können nichts vortäuschen.
Warum ist es wichtig zu wissen, wie lange sich Pferde etwas merken können?	☐ Man muss es wissen, um die richtige Trainingsmethode zu wählen und nicht ungeduldig zu reagieren.
Wie sieht es mit dem Kurzzeitgedächtnis aus?	☐ Pferde haben ein sehr kurzes Kurzzeitge-dächtnis. (1 - 3 Sekunden). Deshalb muss man darauf achten, dass sowohl Lob als auch Strafe sofort erfolgen müssen.
Wie sieht es mit dem Langzeitgedächtnis aus?	☐ Pferde haben ein sehr gutes Langzeitgedächt-nis und können sich andere Pferde, Personen aber auch Reize, die es mit anderen Erfahrungen verknüpfen konnte, gut merken. Wichtige Informationen werden hier sofort gespeichert.
Konzentrationsfähigkeit – wovon ist sie abhängig?	☐ Dies hängt von verschiedenen Faktoren ab: Alter, Gesundheit und Leistungsfähigkeit des Gehirns.
Wie lange kann sich ein Pferd konzentrieren?	☐ Junge Pferde können sich nur 10 Minuten konzentrieren. Ältere Tiere etwa 20 Minuten. Trainiert man diese Fähigkeit, kann man sie auf bis zu 1,5 Stunden ausweiten. Deshalb ist es wichtig, dem Pferd immer wieder Pausen einzuräumen.

🐎 Was bedeutet lernen für das Pferd?	☐ Lernen bedeutet, dass wir das Verhalten des Pferdes durch bestimmte Reize dauerhaft verändern.
🐎 Welche Formen des Lernens gibt es?	☐ Es gibt die Prägung, das assoziative und das nicht-assoziative Lernen.
🐎 Was ist eine Prägung?	☐ Prägung wird auch Imprinting genannt. Diese Prägung findet gleich nach der Geburt des Pferdes statt und ist unumkehrbar. Das Fohlen lernt in dieser kurzen Zeitspanne lebensnotwendige Fähigkeiten wie Saugen, Nachfolgen oder Fliehen. Man sollte sich deshalb nicht zu sehr in die Beziehung von Stute und Fohlen einmischen.
🐎 Was ist mit nicht-assoziativen Lernen gemeint?	☐ Hier lernt das Pferd über die Gewöhnung (auch Habituation genannt) oder die Sensibilisierung. Das Pferd lernt auf Reize, die es erschrecken, nicht mehr zu reagieren – es gewöhnt sich eben daran. Es gibt verschiedene Formen der Gewöhnung: Desensibilisierung, Gegenkonditionierung und Reizüberflutung.
🐎 Wie funktoniert die Desensibilisierung?	☐ Das Pferd wird in kleinen Schritten über Tage und Wochen an eine Sache gewöhnt. Beispiel: Tägliches Auflegen des Sattels.
🐎 Wie funktioniert die Gegenkonditionierung?	☐ Das Pferd wird einem unangenehmen Reiz in vollem Umfang ausgesetzt, aber dies wird mit einem angenehmen Reiz „versüßt". Beispiel: Verladen üben mit Leckerlis. Die Gefahr dabei ist, dass das Pferd die Leckerlis als Verstärker für die Angst sieht.
🐎 Wie funktioniert die Reizüberflutung?	☐ Reizüberflutung, auch Flooding genannt, bedeutet, das Pferd dem Reiz in vollem Umfang ohne „Versüßung" auszusetzen bis es keine Reaktion mehr zeigt. Beispiel: Der Trecker fährt so lange vorbei, bis das Pferd ihn nicht mehr fürchtet. Es besteht unter Umständen eine hohe Verletzungsgefahr für alle Beteiligten.

🐴 Was ist die Sensibilisierung?	☐ Sensibilisierung ist das Gegenteil von Gewöhnung. Hier lernt das Pferd über Reaktionen, die aus Abwehr resultieren. Man arbeitet mit Druck und sensibilisiert das Pferd damit für die Hilfengebung.
🐴 Wie funktioniert das assoziative Lernen:	☐ Im assoziativen Lernen unterscheiden wir zuvor klassische Konditionierung und die operante Konditionierung.
🐴 Wie funktioniert die klassische Konditionierung?	☐ Hier wird das Pferd neutralen Reizen ausgesetzt, die dann beim Pferd eine Reaktion auslösen. Bekanntestes Beispiel: Die Futterkiste öffnet sich, und die Pferde reagieren sofort darauf. Dies kann man sich bei der Ausbildung der Pferde gut zunutze machen.
🐴 Und jetzt die operante Konditionierung:	☐ Hier wird die Konditionierung umgekehrt: Das Pferd zeigt ein bestimmtes Verhalten und löst damit einen Reiz aus. Beispiel: Durch Spielerei findet das Pferd heraus, wie es die Futterkiste öffnen kann. Es hatte gar nicht den Plan, dies zu tun – aber es hat geklappt, und so hat das Pferd nun operant gelernt, die Kiste zu öffnen.

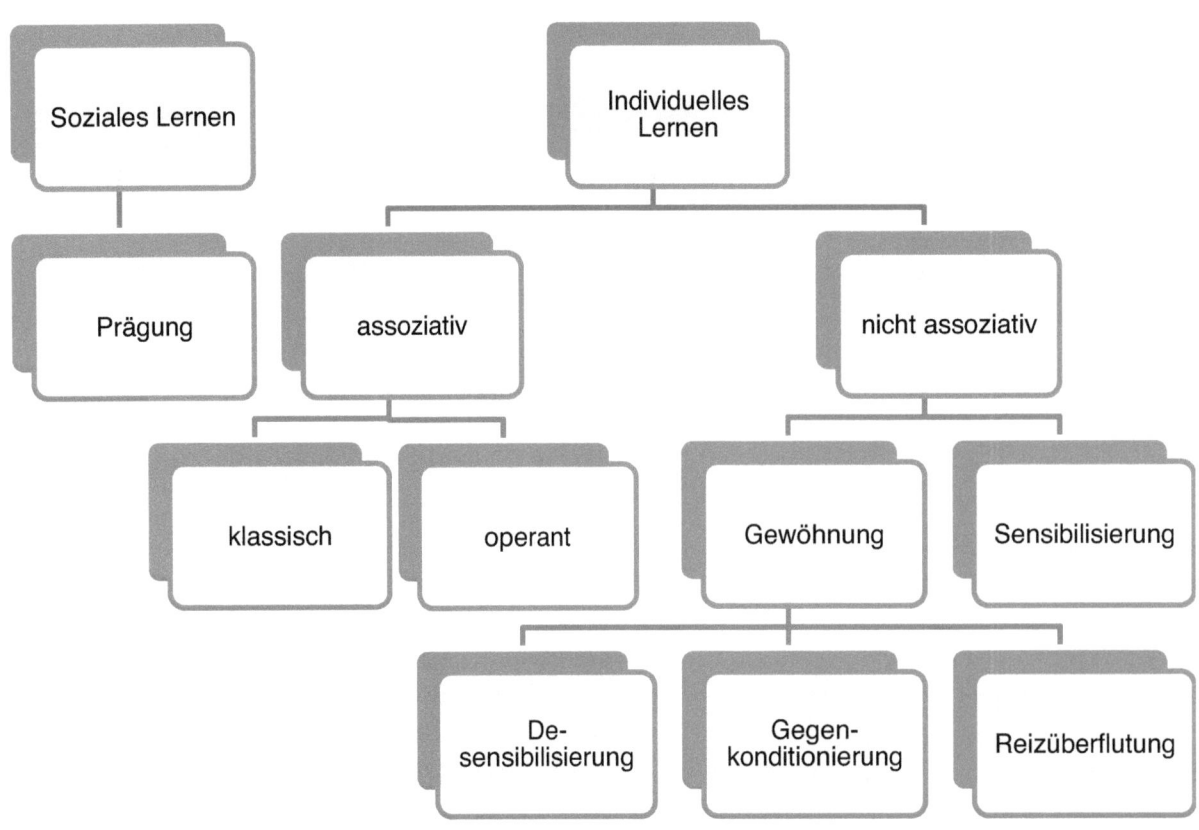

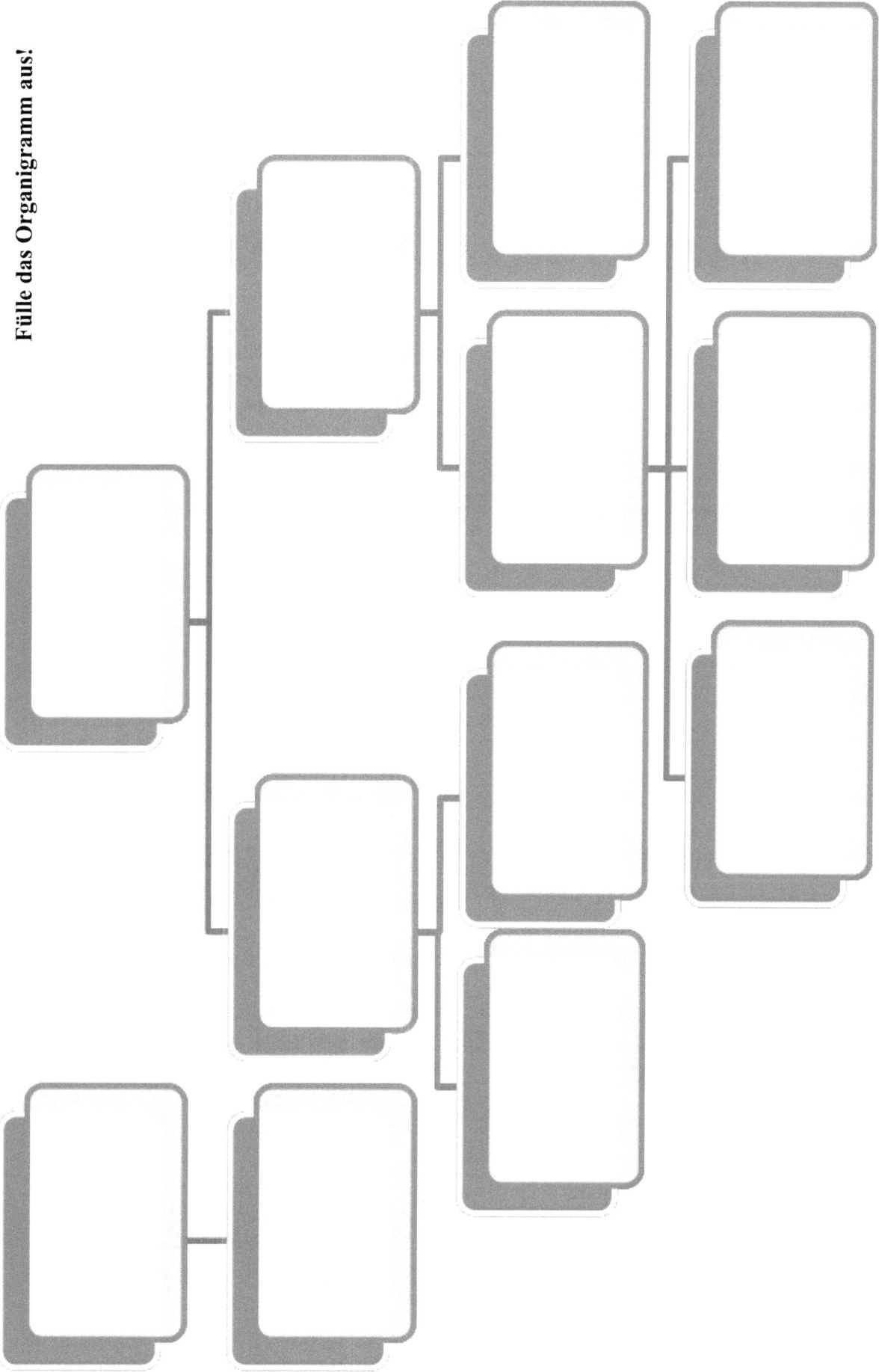

Wie kommunizieren Mensch und Pferd?	☐ Beide kommunizieren über ihre Sinne.
Welche Sinne nutzt das Pferd vorwiegend?	☐ Dem Pferd stehen alle fünf Sinne zur Verfügung: Hören, Riechen, Sehen, Schmecken und Fühlen. Das Sehen ist allerdings der wichtigste Sinn.
Welche Sinne nutzt der Mensch?	☐ Der Mensch sendet permanent Körpersignale aus und übermittelt dem Pferd unterschiedlichste Stimmlagen über seine Stimme. Auch Berührungen spielen eine große Rolle.
Was muss man beim Einsatz unserer Signale bedenken?	☐ Man muss sich angewöhnen, alle Signale möglichst immer in gleicher Weise zu geben. Also wiederkehrende Gesten, gleichbleibende Worte in gleichbleibender Stimmlage und Berührungsreize immer an der gleichen Stelle.
Was bedeutet das Wort Dominanz?	☐ Dominanz ist der höhere soziale Status. Der Mensch muss versuchen, diesen höheren Status einzunehmen und zu behalten. Dazu braucht es einen konsequenten Umgang mit dem Pferd.
Wie sieht dieser konsequente Umgang aus?	☐ Der Mensch sollte ein souveränes und selbstbewusstes Auftreten haben und dem Pferd zeigen, dass er es auch im Ernstfall beschützen kann. Er darf seine Dominanz auf keinen Fall ausnutzen und das Pferd schlecht behandeln.
Wie sieht es mit der Dominanz innerhalb einer Herde aus?	☐ Innerhalb einer Herde gibt es auch eine strenge Hierarchie. Allerdings gibt es zwischen Pferden auch langanhaltende Freundschaften – aber auch Abneigungen.
Welche besondere Rolle spielt der Tastsinn beim Pferd?	☐ Das Pferd kann über seinen Tastsinn schon feinste Veränderungen der Körperspannung des Menschen erfühlen. Hieraus resultiert auch der Spruch: Das Pferd ist das Spiegelbild des Reiters.

Was ist für eine funktionierende Bodenarbeit am Anfang wichtig?	☐ Wichtig ist - gerade für Einsteiger in die Bodenarbeit - die richtige Kombination von Führendem und Pferd zu finden.
Welche Kriterien sollte man beim Führenden beachten?	☐ Folgende Kriterien sollten beachtet werden: • Erfahrung des Führenden • Alter des Führenden • Einfühlungsvermögen • Durchsetzungsvermögen • Größenverhältnis zum Pferd
Welche Kriterien sollte man bei der Auswahl des Pferdes beachten?	☐ Folgende Kriterien sollten beachtet werden: • Erfahrung des Pferdes • Ausbildungsstand des Pferdes • Alter des Pferdes • Größenverhältnis zum Führenden • Charakter des Pferdes • Temperament des Pferdes • Intelligenz des Pferdes
Was bedenkt man vor der Bodenarbeit bei temperamentvollen Pferden?	☐ Da man als Führender nicht so viel Einwirkung vom Boden aus hat, empfiehlt es sich, temperamentvolle Pferde vorher zu longieren.
Wie passt der Führende in einen bestehenden Herdenverband?	☐ Der Führende sollte sich wie ein Herdenmitglied verhalten. Dazu muss er viel beobachten, aufmerksam sein und im Bedarfsfall auch schnell handeln. Wichtig ist auch, als der intelligentere Partner immer fair zu bleiben.
Wie wählt man die Übungen für die Bodenarbeit aus?	☐ Die Übungen in der Bodenarbeit müssen immer aufeinander aufbauen und dürfen nur langsam im Schwierigkeitsgrad gesteigert werden.
Wann fängt der Führende mit Übungen zur Geschicklichkeit und Gelassenheit an, und was ist noch zu bedenken?	☐ Bevor der Führende sich an Übungen zur Geschicklichkeit oder Gelassenheit wagt, sollte er mit allen Führtechniken gut vertraut sein und gelernt haben, die Übung rechtzeitig zu beenden - am Besten schließt man mit einem positiven Erlebnis ab. Wie lange die Übungen dauern, hängt vom Pferd und der Aufgabe ab. Lob und Bestrafung müssen konsequent und angemessen sein.

Wie kann man mit dem Pferd vom Boden aus arbeiten?	☐ Hier stehen uns unterschiedliche Kombinationen aus Körperhaltung, Gestik, Blickführung, Stimme und Berührung zur Verfügung.
Wie unterscheidet man diese Hilfen?	☐ Die wichtigsten Hilfen sind die optischen, taktilen und akustischen Hilfen.
Was sind optische Hilfen?	☐ Dazu gehören die Führposition, Bewegung, Körperhaltung, Aufrichtung und Blickrichtung.
Wo ist die richtige Führposition?	☐ Es gibt unterschiedliche Positionen. Die sicherste ist in Höhe der Schulter des Pferdes. Die Position hängt aber auch davon ab, welche Übung man mit dem Pferd machen möchte. Grundsätzlich gilt: Die Führposition in Höhe der Vorhand bremst das Pferd, wogegen die Position an der Mittelhand das Pferd eher treibt.
Was sind taktile Hilfen?	☐ Taktile Hilfen sind das Berührung mit Hand oder Gerte, Impulse durch Strick oder Zügel, Streicheln und Klopfen.
Was sind akustische Hilfen?	☐ Hier gibt es die Stimme in ihren unterschiedlichen Stimmlagen und Kommandos.
Individualdistanz – was ist das?	☐ Mit der Individualdistanz bestimmt der Führende den Abstand zwischen sich und dem Pferd. Dies hat mit der Rangordnung zu tun: Kommt das Pferd zu nahe oder reibt sich sogar am Führenden, ist dies ein Zeichen von Respektlosigkeit. Das Pferd darf sich mir nur nähern, wenn ich dies als ranghöhere Person erlaube.
Wie verhalte ich mich bei einer Desensibilisierung?	☐ Scheut das Pferd vor einem Gegenstand, ist es für die eigene Sicherheit wichtig, das Hindernis zwischen Führenden und Pferd zu bekommen. Sollte das Pferd seitlich wegscheuen, ist man aus dem Gefahrenbereich.

🐴 Die unterschiedlichen Varianten auf unbekannte Reize kann man durch die vier „F"s erklären. Wie lauten sie?	☐ Diese Kategorisierung kommt aus dem Englischen und lautet: • Flight • Fight • Freeze • Flirt
🐴 Was bedeutet Flight?	☐ Flight übersetzt man mit Flucht. Das Pferd bricht seitwärts oder rückwärts aus oder stürmt davon.
🐴 Was bedeutet Fight?	☐ Fight übersetzt man mit Kampf. Das Pferd wird, wenn es nicht weichen kann nach allen Regeln der Kunst kämpfen – also Schlagen, Beißen, Steigen.
🐴 Was bedeutet Freeze?	☐ Freeze übersetzt man mit Erstarrung. Hier fällt das Pferd in eine komplette Erstarrung mit hoch erhobenem Kopf – Vorsicht! Es kann zu einer explosiven Entladung kommen.
🐴 Was bedeutet Flirt?	☐ Flirt übersetzt man mit Untersuchung. Das Pferd wird sich dank seiner angeborenen Neugier vorsichtig nähern und den Gegenstand beschnuppern und abklopfen. Kopf und Hals werden weit nach vorne gestreckt.

Beschrifte die Abbildungen!

🐎 Wie führt man das Pferd bei Wendungen?	☐ Je nachdem auf welcher Seite man das Pferd führt, achtet man darauf, dass man das Pferd von sich wegschiebt. Wenn man links führt nach rechts und umgekehrt, sonst tritt es einem auf die Füße. Dafür muss aber genug Platz vorhanden sein.
🐎 Wie führt man ein Pferd in der Stallgasse an anderen Pferden vorbei?	☐ Man bittet den anderen Reiter, das Pferd an die Seite zu stellen. Dann geht man in einem möglichst großen Bogen daran vorbei. Die Pferde sollen sich dabei immer sehen können.
🐎 Wie lässt man ein Pferd zur Seite weichen?	☐ Man benötigt das zur Seite weichen, wenn das Pferd Platz machen soll. Dabei gibt man dem Pferd mit der Hand kleine taktile Reize an der Flanke, bis es dieser Berührung weicht.
🐎 Wie lässt man ein Pferd auf der Weide frei?	☐ Man stellt das Pferd mit dem Kopf zu sich und in Richtung des Gatters auf. Wenn es dann ruhig steht, nimmt man zügig das Stallhalfter ab und verlässt sofort die Weide. Pferde sind oft übermütig und können dann auch austreten oder buckeln.

Kapitel 11: Bahnfiguren

Was sind Bahnfiguren?	☐ Bahnfiguren sind Dressurübungen, die man möglichst korrekt ausführt und dabei auch die richtigen Hilfen einsetzt.
Wozu benötigt man die Buchstaben und Punkte an den Seiten des Dressurvierecks?	☐ Sie dienen zur Orientierung.
Wie heißen die Buchstaben in der richtigen Reihenfolge?	☐ C M B F A K E H
Wo befinden sich die Mittellinie und die Viertellinien?	☐ Die Mittellinie halbiert das Dressurviereck der Länge nach, also zwischen C und A. Die Viertellinien verlaufen zwischen den Ecken des Vierecks und den Punkten C und A.
Wo befindet sich X?	☐ X befindet sich genau in der Mitte des Platzes.
Wie groß ist der Bogen bei einer einfachen Schlangenlinie?	☐ An seinem höchsten Punkt wird der Bogen 5 Meter zur Mitte der Bahn geführt.
Wie groß sind die Bögen bei einer doppelten Schlangenlinie?	☐ An ihren höchsten Punkten werden die Bögen 2,5 Meter zur Mitte der Bahn geführt.
Wie groß sind die verschiedenen Volten?	☐ Volten gibt es mit einem Durchmesser von 6, 8 und 10 Metern.
Folgende Bahnfiguren solltest Du Dir gut einprägen:	☐ • Ganze Bahn • durch die ganze Bahn wechseln • durch die halbe Bahn wechseln • Zirkel • aus dem Zirkel wechseln • einfache und doppelte Schlangenlinie • Volten und Kehrtvolten

Trage die Buchstaben, Linien und Bahnfiguren in die Reitbahn ein!

Was bedeutet Geschicklichkeitstraining?	☐ Hier wird das Pferd nach Absolvierung der üblichen Bodenarbeit über am Boden liegende Stangen und durch Stangenparcours geführt. Es ist eine schöne Abwechslung für Pferd und Führenden und fördert die Kommunikation zwischen den beiden Partnern.
Wann kann man mit dem Geschicklichkeitstraining anfangen?	☐ Dies macht erst Sinn, wenn Führender und Pferd eine gute Grundlage in den Führtechniken erlernt haben. Der Führende sollte das Pferd sicher in Tempi und Gangarten führen können. Auch das Führen auf gebogenen Linien und das Anhalten sollten gekonnt beherrscht werden.
Welche Übungen gibt es dafür?	☐ Es gibt unterschiedlichste Aufbaumöglichkeiten: • Halten über einer Stange • Stangen - L • Stangenlabyrinth • Unregelmäßige Stangereihe • Stangenkreuz • Stangenfächer
Was lernt das Pferd bei dem Geschicklichkeitstraining?	☐ Folgende Bereiche werden gefördert: • Balance • Geschicklichkeit • Trittsicherheit • Geschmeidigkeit • Ausgeglichenheit
Was ist beim Aufbau der Parcours zu beachten?	☐ Bei der Verwendung von Stangen sind auf die richtigen Abstände und auf den korrekten Aufbau zu achten. Die Stangen müssen eventuell mit Blöcken vor Wegrollen gesichert werden. Alle Übungen sollten immer von beiden Seiten durchgeführt werden.
Wie werden die Übungen bewertet?	☐ Bewertet wird das harmonische Miteinander von Mensch und Pferd. Das Berühren oder das Übertreten von Stangen gilt als Fehler.

Versuche die einzelnen Aufgaben zu beschriften!

Was bedeutet Gelassenheitstraining?	☐ Hier wird das Pferd mit alltäglichen Situationen konfrontiert, um Ängste des Pferdes langsam abzubauen. Man nutzt dabei die angeborene Neugier der Pferde. Dies muss behutsam und stufenweise trainiert werden. Voraussetzung dafür ist, dass das Pferd den Führenden als ranghöheren Partner akzeptiert hat und sich ihm anvertraut.
Wann kann man mit dem Gelassenheitstraining anfangen?	☐ Dies macht ebenso erst Sinn, wenn Führender und Pferd eine gute Grundlage in den Führtechniken erlernt haben. Der Führende sollte das Pferd sicher in Tempi und Gangarten führen können. Auch das Führen auf gebogenen Linien und das Anhalten sollten gekonnt beherrscht werden.
Welche Übungen gibt es dafür?	☐ Hier gibt es viele Möglichkeiten, denn jedes Pferd hat andere Ängste. Ein paar Tipps: • Regenschirm • Sack mit raschelndem Inhalt • Plastikplane • Flatterbänder • Podeste und Wippen • Bälle
Was ist das Ziel dabei?	☐ Der Fluchtinstinkt soll reduziert und Vertrauen zum Führenden aufgebaut werden. Übt man mit mehreren Pferden, Sicherheitsabstand wahren! Sichere Pferde vormachen lassen.
Welche Sicherheitsapekte sind zu beachten?	☐ Der Führende sollte immer auf der Seite führen, die zwischen dem Schreckhindernis und dem Pferd liegt. Dadurch wird der Fluchtweg nach vorne und zur Seite für das Pferd frei gehalten und der Mensch begibt sich nicht in Gefahr. Achtung: Scheuen wirkt auf andere Pferde ansteckend!
Was sollte man bezüglich der Sicherheit beim Aufbau der Aufgaben beachten?	☐ Planen müssen gegen Flattern gesichert werden. Podeste und Wippen müssen stabil genug sein. Auf Stangen verzichten: Begrenzungen sollten mit Sägespänen gestreut werden.

Hier einige Utensilien, die bei der Bodenarbeit hilfreich sind.

Kegel

Wippe

Hindernisblock

Auflageblock

Podest

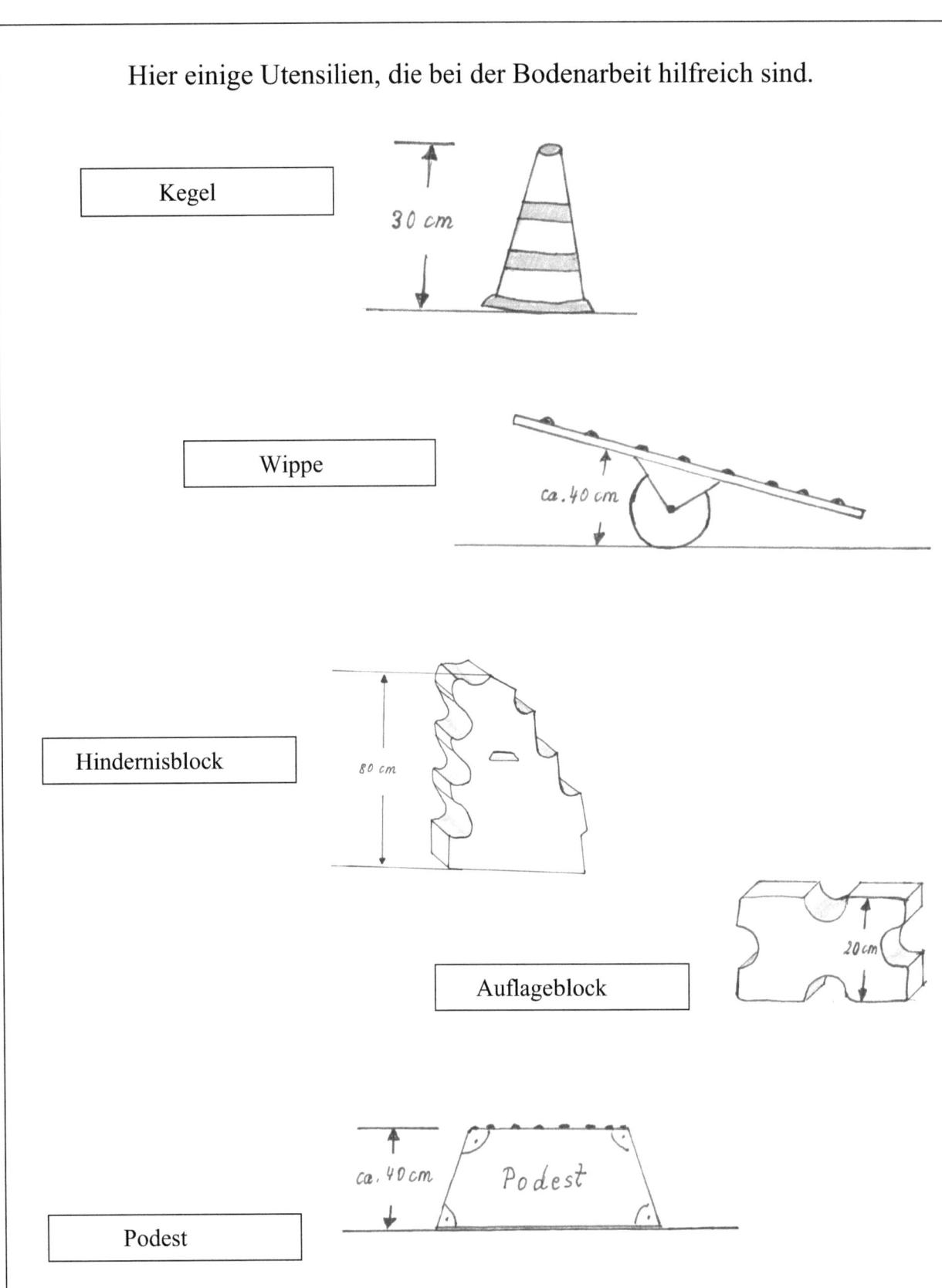

Kapitel 14: Entwicklungsgeschichte des Pferdes

🐎 Wie lange existieren bereits Pferde auf der Welt?	☐ Die Vorfahren unserer Pferde lebten schon vor 55 Millionen Jahren auf der Erde.
🐎 Wie nennt man dieses Urpferd?	☐ Eohippus. Kommt aus dem Griechischen und heißt übersetzt: Pferd der Morgenröte.
🐎 Wie sah das Urpferd aus und wie lebte es?	☐ Es war etwa so groß wie ein Fuchs und lebte in dichten Wäldern. Es ernährte sich hauptsächlich von Laub. Und es hatte vorne vier und hinten drei Zehen und helle Flecken am Rücken.
🐎 Wie ging die Entwicklung weiter?	☐ Vor 35 Millionen Jahren lebte das Miohippus. Es war bereits etwas größer (Schaf) und entwickelte bereits Schneidezähe. Es hatte vorne und hinten nur noch drei Zehen.
🐎 Wie ging die Entwicklung weiter?	☐ Vor 20 Millionen Jahren hatte sich das Merychippus entwickelt. Es hatte noch immer drei Zehen, stand aber schon auf Zehenspitzen. Und war ca. 1 Meter groß. Die Zähne hatten bereits eine dicke Zahnschmelzschicht.

🐴 Wie ging die Entwicklung weiter?	☐ Nun sind wir bei 10 Millionen Jahren angelangt und der Pliohippus hat sich entwickelt. Die drei Zehen haben sich zu einem Huf entwickelt. Es sieht unserem heutigen Pferd schon sehr ähnlich, erreicht bereits eine Größe von 1,20 und ist somit der Uropa aller Pferde, Esel und Zebras.
🐴 Wie nennt man unser heutiges Pferd?	☐ "Heute" umfasst den Zeitraum 4 Millionen bis jetzt. Das moderne Pferd, das wir heute kennen wird als Equus Caballus bezeichnet.
🐴 Wann wurde das Pferd domestiziert, und was bedeutet das?	☐ Man vermutet, dass das Pferd vor ca. 5000 Jahren domestiziert wurde. Darunter versteht man, dass das Pferd seine Instinkte zwar bewahrt hat, diese aber nicht mehr so ausgeprägt sind.
🐴 Was ist der Unterschied zwischen Zähmung und Domestikation?	☐ Zähmung bedeutet, dass man ein Wildtier an den Menschen gewöhnt. Bei der Domestikation sind die Erbanlagen bereits so verändert, dass das Tier schon von Geburt an umgänglicher ist.
🐴 Wie sind die Pferderassen entstanden?	☐ Der Mensch hat angefangen, mit den Pferden zu züchten, um bestimmte Merkmale zu verstärken oder zu reduzieren. So entstanden die ersten Rassen wie Arbeitspferde oder Reitpferde. Heute geht die Selektion schon viel weiter: Man züchtet heute Pferde, die sich z.B. durch Springvermögen oder Schnelligkeit auszeichnen.
🐴 Gibt es noch Wildpferde?	☐ Wildpferde sind eigentlich ausgewilderte Hauspferde. Deshalb sind z.B. Mustangs relativ leicht zu zähmen. Es gibt als echte Wildpferde nur noch die Przewalski-Pferde, die in der Mongolei leben.

Theoretische Prüfungen für die Bodenarbeit

für _____

Thema	Seite	bestanden am
Kapitel 1: Bodenarbeit – Definition und Inhalte	4	
Kapitel 2: Ausrüstung für Pferd und Führenden	5	
Kapitel 3: Unfallverhütung und Sicherheit	6	
Kapitel 4: Ethologie – Die Verhaltensweise der Pferde	7 - 9	
Kapitel 5: Sinneswahrnehmung	10, 11	
Kapitel 6: Wie das Pferd lernt	12 - 15	
Kapitel 7: Kommunikation Pferd und Führender	16	
Kapitel 8: Trainingsmethoden	17	
Kapitel 9: Hilfengebung rund um das Führen	18, 19	
Kapitel 10: Wenden, Passieren, Zur Seite weichen, Loslassen	20	
Kapitel 11: Bahnfiguren	21, 22	
Kapitel 12: Geschicklichkeitstraining	23, 24	
Kapitel 13: Gelassenheitstraining	25, 26	
Kapitel 14: Entwicklungsgeschichte des Pferdes	27, 28	

Praktische Prüfungen für die Bodenarbeit

für _____

Am Pferd | bestanden am:

Wenden	
Zur Seite weichen lassen	
Passieren anderer Pferde	
Loslassen auf der Weide	

Bodenarbeit: Führtraining | bestanden am:

Führen von Punkt zu Punkt	
Geradeaus beidseitig in Schritt und Trab	
Gangmaßwechsel in Schritt und Trab	
Wechseln der Führposition im Schritt	
Slalom	
Rückwärts treten lassen	
Führen von Hufschlagfiguren	

Bodenarbeit: Geschicklichkeitstraining

Halten über der Stange	
Stangen - L	
Stangenlabyrinth	
Stangenfächer	
Stangenkreuz	
Unregelmäßige Stangenreihe	

Bodenarbeit: Gelassenheitstraining

Führen über ein Plane	
Führen durch einen Engpass (Strohballen)	
Arbeit am Podest	

Aufgabe für ein Führtraining mit Reithalfter

X	Startpunkt links führend, Grüßen, Anführen im Mittelschritt
C	Abwenden auf linke Hand
M	Volte 8m
B	Antraben im Arbeitstrab
A	Abwenden auf Mittellinie
X	Halten aus dem Trab, Führposition auf rechts wechseln, Anführen im Mittelschritt
C	linke Hand, auf die Viertellinie abwenden, Slalom um die Kegel, dann li Hand
A	Antraben im Arbeitstrab
F	durch die halbe Bahn wechseln
E	Durchparieren zum Mittelschritt
C	Halte, Pferd rückwärts treten lassen
C	Anführen Mittelschritt auf dem Zirkel
X	Halten und Pferd um 90 Grad zur Seite weichen lassen, Grüßen

Versuche die Aufgabe in die Bahn einzumalen - eventuell farbig.

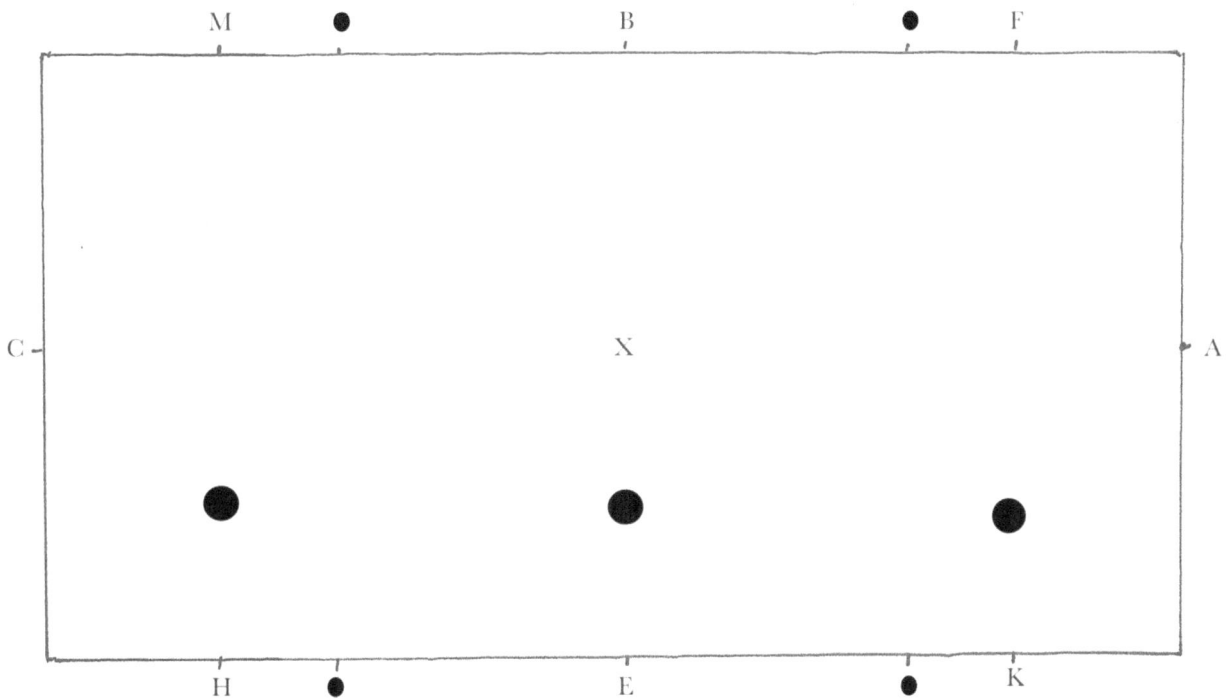

Aufgabe für ein Geschicklichkeitstraining am Leitseil

X	Startpunkt links führend, Grüßen, Anführen im Mittelschritt
C	Abwenden auf re Hand
M	Volte 8m, dabei den Stangenfächer ausführen
B	Abwenden auf das Viereck
X	Halten, Vorhandwendung, Anführen im Mittelschritt
B	Abwenden auf li Hand
M	Mittelschritt verstärken
nach C	Auf der Viertellinie Halten über der Stange
H	Abwenden, Labyrinth ausführen
X	Halten, Pferd um 90 Grad zur Seite weichen lassen, Grüßen

Versuche die Aufgabe in die Bahn einzumalen - eventuell farbig.

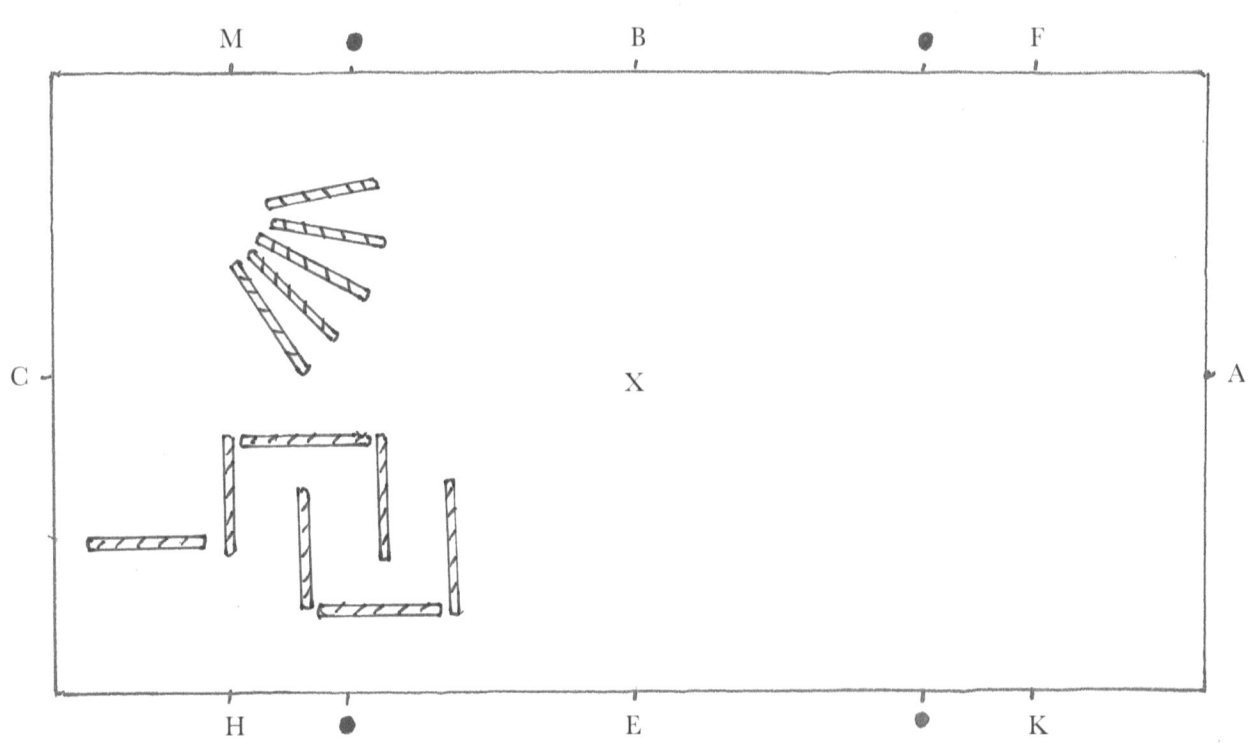

Aufgabe für ein Gelassenheitstraining am Leitseil

X	Startpunkt links führend, Grüßen, Anführen im Arbeitstrab
C	Abwenden auf re Hand
M	Halten, Anführen im Mittelschritt
B	Abwenden auf das Viereck
nach B	Abwenden Viertellinie, Engpass absolvieren, auch Rückwärts treten lassen
vor C	Abwenden auf li Hand
nach C	Abwenden Viertellinie, Führen über eine Plane am Ende li Hand
X	Pferd 90 Grad zur Seite weichen lassen, Grüßen

Versuche die Aufgabe in die Bahn einzumalen!

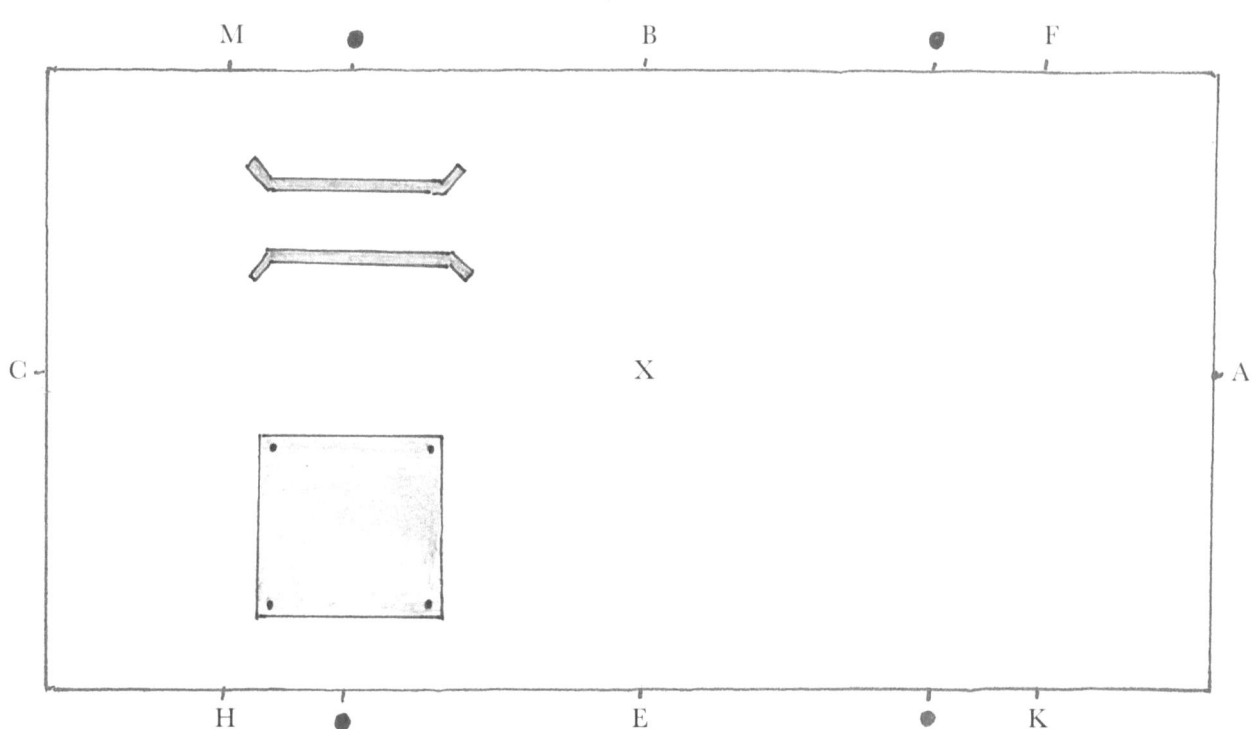

Impressum

Ute Schmidt
Hamburg

Kontakt:
E-Mail: ute@tschmidt.de

Urheberrecht

Die durch den Autor erstellten Inhalte und Werke auf diesen Seiten unterliegen dem deutschen Urheberrecht. Die Vervielfältigung, Bearbeitung, Verbreitung und jede Art der Verwertung außerhalb der Grenzen des Urheberrechtes bedürfen der schriftlichen Zustimmung des jeweiligen Autors bzw. Erstellers.

Herstellung und Verlag:
BoD – Books on Demand, Norderstedt
ISBN 9783746050133

—